MONTRÉAL

Notes techniques

La majorité des photographies de ce livre ont été prises avec un appareil Pentax 67. Les objectifs utilisés pour réaliser les prises de vue sont : le fisheye de 35 mm, les grands angulaires de 45 mm et de 75 mm, le normal de 105 mm et les téléobjectifs de 165 mm et de 300 mm. Certaines photographies ont été réalisées avec une chambre grand format 4 x 5 Horseman et des objectifs de 75 mm, 90 mm et 210 mm. Un boîtier 35 mm Nikon ne fut utilisé qu'à de rares occasions. Toutes les prises de vue ont été saisies sur pellicule Fujichrome. L'utilisation de filtres à la prise de vue est fréquente, mais aucune des images de ce livre n'a été retouchée sur ordinateur pour en rehausser l'impact visuel.

Photographie de la couverture : Yves Marcoux/Publiphoto

Ce livre a été produit grâce au système d'imagerie au laser des Éditions de l'Homme, lequel comprend:

Les ordinateurs Apple inc.

Le serveur Intergraph distribué par Aldin graphiques inc.

Un digitaliseur Scitex Smart TM 720

Le processeur d'images RIP 50 PL2 combiné avec la nouvelle technologie Lino Dot® et Lino Pipeline® de Linotype-Hell®.

Données de catalogage avant publication (Canada)

Marcoux, Yves
Montréal : les lumières de ma ville

1. Montréal (Québec) – Ouvrages illustrés.
I. Pharand, Jacques. II. Titre.

FC2947.37.M37 1999 971.4'28'00222 C99-941325-2
F1054.5.M843M37 1999

L'Éditeur bénéficie du soutien de la Société de développement des entreprises culturelles du Québec pour son programme d'édition.

Nous remercions le Conseil des Arts du Canada de l'aide accordée à notre programme de publication.

Nous reconnaissons l'aide financière du gouvernement du Canada par l'entremise du Programme d'aide au développement de l'industrie de l'édition (PADIÉ) pour nos activités d'édition.

Dépôt légal: 4e trimestre 1999
Bibliothèque nationale du Québec

ISBN 2-7619-1495-3

DISTRIBUTEURS EXCLUSIFS:

· Pour le Canada et les États-Unis :
MESSAGERIES ADP*
955, rue Amherst,
Montréal, Québec
H2L 3K4
Tél. : (514) 523-1182
Télécopieur : (514) 939-0406
* Filiale de Sogides ltée

· Pour la France et les autres pays:
INTER FORUM
Immeuble Paryseine, 3, Allée de la Seine
94854 Ivry Cedex
Tél. : 01 49 59 11 89/91
Télécopieur : 01 49 59 11 96
Commandes : Tél. : 02 38 32 71 00
Télécopieur : 02 38 32 71 28

· Pour la Suisse:
DIFFUSION: HAVAS SERVICES SUISSE
Case postale 69 - 1701 Fribourg - Suisse
Tél. : (41-26) 460-80-60
Télécopieur : (41-26) 460-80-68
Internet : www.havas.ch
Email : office@havas.ch
DISTRIBUTION : OLF SA
Z.I. 3, Corminbœuf
Case postale 1061
CH-1701 FRIBOURG
Commandes : Tél. : (41-26) 467-53-33
Télécopieur : (41-26) 467-54-66

· Pour la Belgique et le Luxembourg :
PRESSES DE BELGIQUE S.A.
Boulevard de l'Europe 117
B-1301 Wavre
Tél. : (010) 42-03-20
Télécopieur : (010) 41-20-24

Pour en savoir davantage sur nos publications,
visitez notre site: www.edhomme.com
Autres sites à visiter: www.edjourcom
www.edtypo.com · www.edvlb.com
www.edhexagone.com · www.edutilis.com

MONTRÉAL

Les lumières de ma ville

Photographies : YVES MARCOUX
Textes : Jacques Pharand

LES ÉDITIONS DE L'HOMME

À mon père.
À la mémoire de ma mère.
Grâce à mes parents, j'ai appris la persévérance et acquis la faculté d'apprécier à sa juste valeur l'un des plus beaux dons que j'ai reçus à la naissance: la vue.

Remerciements

Merci à l'équipe du laboratoire de photographie *Boréalis*
qui a effectué un travail de qualité tout en m'apportant un soutien financier.

Un merci particulier à mes deux collègues et amis, Marc-André Côté et Jean-Marc Petit,
qui m'ont encouragé, épaulé et éclairé par leurs précieux conseils.

Merci à l'équipe de la photothèque Tony Stone Images et à Michel Fugère de Publiphoto
pour la confiance qu'ils m'ont témoignée.

Enfin, un merci affectueux à Lucie, ma conjointe, qui m'a donné la possibilité d'exercer ma passion.
Sa générosité m'a permis d'accomplir l'un de mes rêves les plus chers : publier ce livre.

Le secteur ouest du centre-ville, vu de l'île Notre-Dame.
Malgré les apparences, aucun édifice n'excède la croix du Mont-Royal (visible à droite). (pages 6-7)

Le Casino de Montréal occupe maintenant ce qui était le splendide
pavillon de la France, durant l'Exposition universelle de 1967. (page 8)

Conçu par l'architecte Roger Taillibert, le plus grand mât incliné au monde
domine le stade construit pour les Jeux olympiques de 1976. (pages 10-11)

Le centre-ouest et la Rive-Sud de Montréal, vus du chalet du Mont-Royal. (pages 12-13)

La nouvelle génération d'édifices au nord de la rue Sainte-Catherine
souligne la continuelle évolution de la métropole. (pages 14-15)

Introduction

Comme l'argile sous les mains du potier devient peu à peu un vase magnifique, l'humble village de Ville-Marie s'est transformé en une harmonieuse cité, celle que nous connaissons aujourd'hui. Mais la question se pose: la connaissons-nous vraiment?

La trépidation de nos vies actives dans le cadre d'une métropole elle-même en perpétuel mouvement nous empêche trop souvent d'apprécier ses qualités et les éléments individuels qui composent cette fresque monumentale qu'est Montréal. C'est pourquoi les images qui illustrent cet ouvrage s'imposent, permettant d'estimer à leur juste valeur les multiples cadres familiers sous un éclairage changeant et dans une perspective unique.

Nous avons donc voulu faire de cet ouvrage avant tout le reflet des beautés d'une ville où le passé se marie avec l'avenir, où chaque quartier révèle ses particularités et où la nature compose subtilement avec les formes élancées de ses édifices. Puissiez-vous y découvrir les nuances captées par un photographe admiratif qui nous dévoile les aspects trop souvent méconnus d'une cité unique en son genre. Un festin de gourmet conçu pour le plus grand plaisir des yeux...

Durant une « bordée » de neige, rue Drolet,
à deux pas du square Saint-Louis...

ST. LAWRENCE CRUISE LINES

Montréal est une île

Le lecteur sera sans doute étonné d'apprendre que Montréal n'est que la plus grande parmi la centaine d'îles formant, selon la dénomination géographique officielle, l'archipel de Montréal. Et si plusieurs de ces îles demeurent encore aujourd'hui telles que les découvrit Jacques Cartier en 1534, d'autres furent rapidement colonisées et constituent de nos jours des satellites de la métropole. Pour être précis, nous devrons donc considérer non pas une, mais des îles...

On conçoit aisément l'intérêt militaire que pouvait présenter l'île de Montréal aux premiers temps de la colonie : sa position en aval des rapides de Lachine la rendait quasi inexpugnable. De fait, Montréal ne sera jamais la cible directe d'attaques dévastatrices durant son existence, ce qui lui permettra de prospérer sur le plan commercial sans connaître les affres de conflits et de leurs conséquences.

L'histoire nous apprend que moins de vingt ans après la fondation de Ville-Marie par le Sieur Paul Chomedey de Maisonneuve en 1642, François Le Ber obtient le fief de l'île Saint-Paul ; acquise par les religieuses de la congrégation Notre-Dame en 1720, cette île sera connue par la suite sous le nom de « l'île des Sœurs », qu'elle porte encore de nos jours. En 1677, une deuxième île de l'archipel fera

Bateaux touristiques amarrés au bassin de l'Horloge, situé à proximité du marché Bonsecours. (page 18)

Le parc des Îles (à l'avant-plan), relié à la métropole par le pont Jacques-Cartier.

l'objet d'une donation. Le commandant Jacques Bizard, aide-de-camp du gouverneur Frontenac au cours de son premier mandat, la reçoit en récompense. L'île prendra le nom du donataire.

Au début du XVIIIe siècle, l'île Branchereau, située dans la rivière des Prairies, sera à son tour colonisée, et ce, par les messieurs de Saint-Sulpice ; ils construiront un pont la reliant à Montréal en 1726. L'île sera bientôt connue sous le nom de « l'île de La Visitation » lorsque sera fondée la paroisse montréalaise de La-Visitation-de-la-Bienheureuse-Vierge-Marie, en 1736.

Il serait sans doute fastidieux de nous attarder ainsi à l'annexion successive de plusieurs autres îles à l'île de Montréal. Nous ne retiendrons donc qu'un dernier exemple, sans doute le plus pertinent, celui de l'île Sainte-Hélène.

Ainsi nommée en 1611 par Samuel de Champlain en l'honneur de son épouse, Hélène Boulé, l'île Sainte-Hélène est concédée en 1665 à Charles Le Moyne, premier seigneur de Longueuil. Le 7 septembre 1760, le chevalier François-Gaston de Lévis y brûle ses drapeaux, après la reddition de Montréal par le gouverneur Pierre de Vaudreuil. Rétrocédée au gouvernement en 1818, l'île exerce par la suite un irrésistible attrait auprès des Montréalais, qui doivent toutefois prendre un traversier pour aller y pique-niquer.

Rachetée par la Ville en 1907, l'île ne deviendra facile d'accès qu'en 1930, alors que le pont du Havre – rebaptisé pont Jacques-Cartier en 1934 – relie Montréal et Longueuil. Un service d'autobus est aussitôt établi et les Montréalais font de l'île Sainte-Hélène un lieu d'évasion privilégié durant la saison estivale.

Les clochers de l'église de La Visitation, vus de l'île du même nom.

L'événement le plus important surviendra toutefois en 1965, quand l'île se trouve reliée à ses voisines, les îles Ronde, Verte et Moffat, ainsi qu'à l'île Notre-Dame, créée de main d'homme. Ce « parc des Îles » de 268 hectares renommé « parc Jean-Drapeau », du nom du célèbre maire de Montréal, deviendra Terre des hommes, site de l'Exposition universelle de 1967. Une station de métro dessert depuis ce temps l'emplacement en toute saison.

Qui dit île dit – tôt ou tard – ponts. Car cela même qui constitue un avantage militaire devient bientôt le talon d'Achille d'une colonie. Pour échapper à l'isolement insulaire, défavorable aux communications et au commerce, Montréal se dotera rapidement de ponts la reliant aux îles voisines et au continent.

C'est ainsi que le premier traversier assurant à partir de 1801 la liaison entre Montréal et l'île Jésus (ville de Laval) est remplacé en 1834 par un pont couvert en bois, construit par le meunier François Persilier, dit Lachapelle. En 1859, sur l'initiative du cultivateur Pierre Viau, un second pont enjambera la rivière des Prairies, mais depuis le village de « Back River » (aujourd'hui le quartier Ahuntsic). L'arrivée du chemin de fer en 1836 entraînera de son côté la construction du premier pont ferroviaire à Sainte-Anne-de-Bellevue en 1854. Il sera rapidement suivi du Victoria Tubular Bridge, premier pont à franchir le fleuve Saint-Laurent, achevé le 17 décembre 1859. Cet ouvrage d'art long de 2,27 km sera entièrement reconstruit sur les mêmes assises, quarante ans plus tard, de manière à permettre la circulation des trains, des piétons et des voitures vers la rive sud. L'aménagement de la voie maritime du Saint-Laurent en 1959 nécessitera une solution audacieuse, celle d'une voie de déviation qui contourne l'écluse de Saint-Lambert, à l'extrémité sud de la structure, permettant ainsi d'éviter les interruptions engendrées par le passage des navires à cet endroit.

Le déversoir du poste hydro-électrique Rivière-des-Prairies,
à la pointe est de l'île de La Visitation.

L'avènement de l'automobile régira la construction de plusieurs ouvrages ; le pont Jacques-Cartier sera le premier conçu spécialement pour ce type de véhicule. Par la suite, Montréal se dotera de structures remarquables à plus d'un titre. Ainsi le pont Honoré-Mercier supportera les premières lignes électriques à haute tension alimentant la métropole. Le pont Papineau-Leblanc, en direction de Laval, étonnera par son concept audacieux d'une dalle orthotropique. Achevé en 1962, le pont Champlain constituera, avec ses quelque 6,5 kilomètres, la plus longue traversée du Saint-Laurent, alors qu'avec ses sections assemblées en cale sèche totalisant 1,4 km, le tunnel Louis-Hippolyte-La Fontaine constituera une œuvre maîtresse de l'ingénierie contemporaine.

Les dix-huit ponts du Montréal d'aujourd'hui constituent à eux seuls de remarquables sujets photographiques, quelle que soit la saison. Le lecteur les découvrira dans les pages qui suivent sous des angles nouveaux, voire parfois insolites. La symétrie géométrique de ces ouvrages d'art, alliée à leur masse imposante surplombant des plans d'eau parfois impressionnants, ne peut que fasciner...

La bretelle de déviation du pont Victoria permet son utilisation continue, malgré la présence de navires dans la voie maritime.

Le bassin de l'Horloge,
vu de l'île Sainte-Hélène.

Le pont de la Concorde donne accès à l'île Notre-Dame et au Casino de Montréal (à l'avant-plan), depuis la jetée Bickerdike.

Une navette fluviale se prépare à l'accostage au quai Jacques-Cartier.

Un navire transborde sa cargaison de conteneurs, et un autre emprunte le chenal portuaire, à la hauteur des raffineries pétrolières de Montréal-Est.

La présence des glaces sur le fleuve
n'entrave nullement les opérations du
port de Montréal...

Scène dantesque, alors que par -35 °C, la brume sèche s'élevant du fleuve masque presque entièrement le centre-ville de la métropole.

Circulation d'heure de pointe sur le pont Jacques-Cartier. (page 28)

Élégamment supporté par ses seuls piliers centraux, le pont Papineau-Leblanc prend appui sur la pointe de l'île de La Visitation pour franchir la rivière des Prairies. (page 29)

Malgré les remous du courant Sainte-Marie, le fleuve affiche un calme trompeur, à l'avant-plan du centre-ville... (pages 30-31)

MAXIMUM
50
NATIONEX

Le Bord'eau
MONTREAL

Embarcations de plaisanciers à la marina du Vieux-Port,
au pied de la place Jacques-Cartier. (page 32)

Des bateaux de croisière portuaire attendent les excursionnistes,
au bassin de l'Horloge.

Vue de la rive sud, la structure métallique du pont Champlain franchissant la voie maritime du Saint-Laurent encadre les édifices du centre-ville.

À vol d'oiseau, le pont Papineau-Leblanc et l'île de La Visitation.

Vue aérienne du pont Victoria, avec l'île des Sœurs et les assises du pont Champlain, à l'arrière-plan.

Le pont Jacques-Cartier et les manèges de La Ronde,
depuis la promenade de la tour de l'Horloge.

La tour de l'Horloge et son élégante promenade marquent l'entrée
du Vieux-Port de Montréal. (page 37)

Brillant de tous ses feux, l'élégante structure
du pont Jacques-Cartier relie l'île Sainte-Hélène
(à droite) au centre-est de Montréal.

Le Saint-Laurent se fraye un chemin entre le centre-ville de la métropole
et les banlieues de la Rive-Sud.

Un promeneur solitaire admire le sud-ouest de la métropole,
un matin d'hiver, depuis le chalet du Mont-Royal.
Le pont Champlain est visible, à droite. (pages 40-41)

L'arche centrale surélevée du pont Champlain permet le passage des navires empruntant la voie maritime du Saint-Laurent.

Au-delà de la brume s'élevant du
fleuve, le centre-ville de Montréal, par
un bel après-midi d'hiver...

Place
Jacques-Cartier
Vieux-Montréal

Montréal, ville d'histoire

De toutes les villes d'Amérique du Nord, Montréal est indiscutablement celle qui présente le plus intéressant patrimoine historique. Il tient dans une superficie d'à peine un kilomètre carré, délimitée par le fleuve, les rues McGill et Berri et ce qui était à l'époque une barrière naturelle, la petite rivière Saint-Martin, occupée aujourd'hui par l'autoroute Ville-Marie.

Flânant dans ce qu'on appelle aujourd'hui le Vieux-Montréal, le promeneur averti déchiffrera sans peine les quatre composantes d'une ville en plein essor. Le secteur résidentiel occupe la partie est de ce quadrilatère, alors que l'activité marchande se concentre à l'ouest. La haute finance a pignon sur la rue Saint-Jacques, alors que les édifices administratifs se sont établis dans le secteur nord.

Si la métropole peut s'enorgueillir de sa richesse historique, elle le doit aux efforts conjugués de nombreux artisans. Le premier est sans doute François Dollier de Casson, supérieur des sulpiciens auxquels fut attribuée la seigneurie de Montréal en 1663. Non seulement entreprend-il en 1680 les travaux du canal de Lachine, qui permettra de contourner les rapides du fleuve en 1825, mais il fait établir en outre par l'arpenteur Bénigne Basset le premier plan cadastral de la ville. Et en 1716, Gédéon de Catalogne et Gaspard Chaussegros de Léry remplacent les premières palissades par des solides fortifications permanentes, alors que la population vient de quadrupler au cours des cinquante dernières années.

Reconstruit en 1926, l'hôtel de ville de Montréal a conservé le raffinement du style Second Empire qui le caractérisait. (page 44)

La colonne Nelson, dominant la place Jacques-Cartier.

Mais la plus méconnue des interventions significatives sur le plan historique est sans doute celle de l'intendant Claude Thomas Dupuy qui, dans une ordonnance datée du 17 juin 1727, établit le premier « code du bâtiment » de la métropole ; y sont prescrits, entre autres, l'alignement des facades sur rue, la construction en maçonnerie, l'inclusion de murs et planchers coupe-feu et le recouvrement incombustible des toitures. Les incendies majeurs de 1721, 1734 et 1754 anéantiront, du reste, les bâtiments de bois érigés antérieurement de façon plus ou moins anarchique.

Une seconde révolution survient au début du XIXe siècle, alors que les fortifications de la ville sont démolies pour permettre une expansion municipale désormais inévitable. L'un des maîtres-d'œuvre les plus réputés de cette époque est sans doute John Ostell, architecte, ingénieur et géomètre. En raison de l'ouverture du canal de Lachine, il se voit confier la construction du premier édifice de la douane, érigé sur la place Royale en 1838, puis celle du « vieux » Palais de justice, qui date de 1851. On doit également à Ostell, en sa qualité d'architecte désigné du diocèse, la construction des clochers de la basilique Notre-Dame en 1841, celle des églises Sainte-Anne et Notre-Dame-de-Grâce, de même que l'agrandissement de l'église de La Visitation.

Par ailleurs, Montréal ne serait pas Montréal sans ses marchés publics. Après l'incendie du Collège Saint-Raphaël en 1803, la décision est prise de ne pas reconstruire l'édifice, mais d'aménager sur son site une place publique. Le marché de la place Jacques-Cartier voit ainsi le jour, partageant ses fonctions avec celles de la justice puisqu'un pilori y demeurera en usage jusqu'en 1841.

Le dôme du marché Bonsecours
repose sur un anneau de colonnes doriques.

Peu après son incorporation en 1831, Montréal se dote d'un édifice multifonctionnel abritant ses bureaux administratifs, des salles de réception et un marché public. S'inspirant du Quincy Market de Boston érigé en 1826, l'architecte William Footner fait preuve d'originalité en dotant le marché Bonsecours de deux façades, l'une qui donne sur la rue Saint-Paul et l'autre sur la rue de la Commune. Quant à la splendide coupole qui domine l'édifice, elle est le fait de l'architecte George Browne. Achevé en 1846, le marché Bonsecours servira d'hôtel de ville à la métropole de 1852 à 1873, et il abritera brièvement le parlement du Canada-Uni après la destruction de ses locaux, en 1849.

Mais la mémoire historique de Montréal ne se limite pas qu'à des édifices. En effet, de nombreux monuments rappellent les personnages et événements qui marquèrent son évolution. C'est ainsi que dès 1765, un buste du roi George III est localisé sur la place d'Armes. En décembre 1805, l'annonce du décès de l'amiral Horatio Nelson, vainqueur de la bataille de Trafalgar, émeut l'opinion publique et une campagne de souscription est immédiatement lancée pour l'érection d'un monument à sa mémoire. Le 17 août 1809, l'imposante colonne Nelson est mise en chantier : elle sera surmontée d'une statue de l'amiral qui, curieusement, tournera le dos au fleuve...

En certaines circonstances, la ferveur populaire engendre la prolifération de témoignages soulignant des événements à teneur symbolique. C'est ainsi qu'une stèle, une statue et une croix rappellent, en divers endroits du quartier Ahuntsic, la noyade du missionnaire récollet Nicolas Viel, le 25 juin 1625. Dans la même veine, la métropole multiplie parfois les témoignages de reconnaissance, tant physiques qu'odonymiques : à titre d'exemple, le souvenir de la reine Victoria est perpétué par un buste, une statue, deux rues, un pont et un square.

L'extrémité ouest de la gare Windsor, ouverte à la circulation ferroviaire en 1889.

Le promeneur déambulant dans les rues de la métropole n'aura donc aucune difficulté à retrouver les héros qui ont marqué l'histoire montréalaise. De Maisonneuve à Dollard des Ormeaux, de Jeanne Mance à Marguerite Bourgeoys, de Pierre Le Moyne d'Iberville à George-Étienne Cartier, des Patriotes aux combattants de la guerre des Boers, Montréal se souvient...

Croix érigée à la mémoire du père Nicolas Viel, dans le parc régional de l'île de La Visitation.

Œuvre du concepteur Buckminster Fuller, la Biosphère américaine de l'Exposition de 1967 est devenue le premier centre canadien d'observation environnementale. (page 49)

Première artère commerciale de la métropole, la rue de la Commune, vue d'ouest en est, jusqu'au marché Bonsecours (à l'extrême droite). (pages 50-51)

L'artère touristique du Vieux-Montréal: la vénérable rue Saint-Paul, que domine le clocher de Notre-Dame-de-Bonsecours, en arrière-plan. (page 52)

Un remarquable exemple de restauration résidentielle, rue Saint-Paul Est. (page 53)

St Paul

445

Restaurant Maison Cartier

Un des nombreux restaurants jalonnant la place Jacques-Cartier. (page 54)

Conçus par l'architecte Victor Bourgeau en 1861, ces anciens entrepôts des Dames de l'Hôtel-Dieu sont devenus l'oasis résidentielle des cours Le Royer.

L'imposante facade de la bibliothèque municipale, rue Sherbrooke est, rend hommage à son architecte, Eugène Payette. (page 56)

Le style Beaux-Arts de l'édifice de la Cour municipale (1912) contraste avec la facture récente de l'édifice Chaussegros-de-Léry (à droite). (page 57)

BIBLIOTHÈQVE · DE · LA · VILLE · DE · MONTRÉA

COUR MUNICIPALE

THE CITIZENS
ACCUEIL

Réalisé par Philippe Hébert en 1895, le monument au fondateur de Montréal est encadré par les deux clochers de la basilique Notre-Dame, baptisés Tempérance et Persévérance. (page 58)

Le chœur imposant de la basilique Notre-Dame : une crypte sous l'allée centrale abrite les dépouilles des évêques de la métropole.

Le marché Bonsecours et la chapelle Notre-Dame-de-Bonsecours, rue de la Commune Est.

L'imposante colonnade de la Banque de Montréal, rue Saint-Jacques.

La petite rue Saint-Amable, devenue le domaine des artistes-peintres et portraitistes.

ITE
AD
JOSEPH
PIE IX
A SOLENNELLEMENT
DECLARE ST JOSEPH
PATRON DE L'EGLISE
CATHOLIQUE
DECRET DU 8 DEC 1870

ESPERANCE FOI CHARITE

Fruit de la persévérance du bienheureux frère André, l'oratoire Saint-Joseph est l'un des hauts lieux religieux de la métropole. (page 62)

Érigée en 1907 à la mémoire des combattants de la guerre des Boers, l'œuvre du sculpteur George William Hill domine le square Dorchester, au centre-ville. (page 63)

Du sommet de la chapelle Notre-Dame-de-Bonsecours, la statue de la Vierge protège les marins venus du fleuve... (page 64)

Réalisée en 1914 par le sculpteur Alfred Laliberté, La Fermière orne la perspective du marché de la ville de Maisonneuve, annexée à Montréal en 1918.

Réalisée par l'architecte Victor Bourgeau en 1894, la basilique Marie-Reine-du-Monde est une réplique à échelle réduite de Saint-Pierre-de-Rome.

Les colonnes doriques de l'édifice Ernest-Cormier, vues du vieux Palais de justice, rue Notre-Dame Est. (page 67)

Rue Sainte-Catherine, le transept de l'ancienne église Saint-Jacques a été intégré aux bâtiments de l'Université du Québec à Montréal. (page 68)

Construit en 1705, le château du gouverneur Claude de Ramezay est l'un des joyaux du patrimoine historique de Montréal.

L'hiver décore d'une blancheur uniforme les escaliers de maisons en rangée, rue Drolet, près de l'avenue des Pins. (pages 70-71)

WELCOM
BIENVE

Montréal, ville d'architecture

Dans la plupart des grandes villes du monde, l'architecture se pose en témoin de l'histoire et Montréal n'échappe certes pas à cette caractérisation. Mais la métropole se distingue par le rôle particulier qu'a rempli l'architecture dans son évolution : on peut audacieusement affirmer que celle-ci a, en quelque sorte, créé l'histoire...

Il nous faut remonter en 1611 pour découvrir l'élément précurseur de ce chapitre, alors que Samuel de Champlain, tel que le rapporte l'abbé Charles-Honoré Laverdière, note la présence de « quantité de prairies de très bonne terre grasse à potier, tant pour bricque que pour bastir ». Et dès 1675, des artisans-briquetiers sont à l'œuvre à Montréal, bien que le bois soit à ce moment le matériau de construction privilégié. À partir de 1800, la brique est importée d'Écosse ; à fond de cale, elle constitue le lest nécessaire à la traversée des navires.

Mais la date marquante pour l'architecture montréalaise demeure le 8 juillet 1851, alors que le plus terrible incendie de son histoire ravage la métropole : 1 200 maisons et édifices sont réduits en cendres. Le Conseil municipal interdit dorénavant toute construction en bois. Dès lors, l'architecture va imprimer sa marque indélébile sur la cité et façonner le visage de Montréal.

Heureux mariage du passé et du présent : la cathédrale anglicane Christ Church se profile sur la Maison des coopérants, rue Sainte-Catherine Ouest. (page 72)

Trois époques de l'architecture montréalaise : la cathédrale Christ Church, la maison Morgan (magasin La Baie) et la Maison des coopérants, vues du square Phillips.

C'est l'avènement des maisons en rangée. Les lots sont subdivisés en parcelles plus étroites et les entrepreneurs construisent des séries de maisons, aussi typiques qu'anonymes, revendues ensuite par les promoteurs immobiliers. C'est alors que l'humble brique va acquérir peu à peu ses lettres de noblesse : de poreuse et aux arêtes arrondies à l'origine, elle deviendra lisse, puis polychromée. De son côté, la pierre de taille sera l'apanage des maisons bourgeoises et les éléments de façade décoratifs – dentelles, festons et corniches –, importés par catalogue des États-Unis et assemblés sur place conféreront une allure distinctive aux édifices de l'époque.

C'est vers la même époque que Montréal prend son titre de « ville aux cent clochers », alors que des édifices consacrés à l'exercice de divers cultes émigrent résolument vers le centre-ville ouest, rue Sainte-Catherine (cathédrale anglicane Christ Church) et place du Canada (cathédrale catholique Saint-Jacques le Majeur, aujourd'hui Marie-Reine-du-Monde). La classe dirigeante anglophone s'établit à proximité, dans ce qui deviendra le Golden Square Mile, sur le versant sud du mont Royal et y érigera des villas au luxe inouï, à la démesure d'une classe sociale détenant plus de soixante-dix pour cent des richesses du pays entier.

Vers 1880, le toit plat, plus économique, remplace la toiture en pente, les matériaux requis – papier goudronné, solins, drains et évents – étant produits localement en usine. L'exubérance caractéristique de l'époque, mais surtout le désir bien montréalais d'une apparence architecturale distincte, entraîne l'apparition de la fausse mansarde, qui vient souligner très fortement la ligne du toit. On y ajoute des lucarnes, des tourelles, voire même des fenêtres en saillie. Balcons en bois tourné ou en fonte et portes moulurées reflètent les goûts pittoresques de la mode victorienne...

L'édifice de la Banque du Peuple, érigé en 1870 par l'architecte Maurice Perrault, à l'angle nord-est de la place d'Armes.

Une seconde révolution survient vers 1900 dans l'architecture montréalaise, les modifications au cadastre permettant dorénavant le recul des maisons, là où des ruelles sont aménagées à l'arrière des édifices. L'escalier donnant accès aux étages supérieurs est dorénavant relocalisé en façade, une caractéristique qui fera la particularité de nombreuses rues de la métropole.

De son côté, l'architecture commerciale ne demeure pas en reste. L'invention de l'ascenseur permettra de lever la restriction de cinq étages et encouragera la construction de gratte-ciel, le premier voyant le jour sur la place d'Armes, en 1888. Les édiles municipaux imposeront toutefois certaines normes, notamment le retrait progressif des étages supérieurs par rapport à la base de la structure. Ce sera le cas de l'édifice Aldred sur la place d'Armes et celui de la compagnie d'assurances Sun Life, qui se relocalise en bordure de l'actuel square Dorchester. Commencée en 1913, la construction ne se terminera qu'en 1933 : avec ses vingt-six étages, cet édifice sera à l'époque le plus élevé de tout le Commonwealth britannique.

Mais au début des années cinquante, il faut se rendre à l'évidence : Montréal étouffe littéralement et des mesures draconiennes s'imposent. L'ouverture du boulevard Dorchester (aujourd'hui le boulevard René-Lévesque) en 1955 entraîne la destruction de centaines d'édifices, mais ouvre la porte à la cité commerciale d'aujourd'hui. Œuvre de l'architecte I. M. Pei, l'édifice cruciforme de la place Ville-Marie, achevé en 1962, chevauche audacieusement les voies ferroviaires de la

Détail de la façade en granit de Queenstown de l'édifice des Douanes, localisé rue McGill, dans le Vieux-Montréal.

gare Centrale et devient le nouveau symbole de la métropole. Au même moment, l'édifice de la Banque Canadienne Impériale de Commerce devient, avec ses 184 mètres, le plus élevé du monde entièrement construit en panneaux préfabriqués. De son côté, la Banque Nationale confirme, à contre-courant, sa position dans le Vieux-Montréal, alors que les architectes David et Boulva construisent son nouveau siège social sur la place d'Armes, en 1965. Depuis ce temps, de nombreux édifices se sont ajoutés au paysage montréalais, mais ils demeurent tous assujettis à la même norme : aucun ne peut excéder l'altitude du mont Royal, soit 230 mètres...

Le lecteur est donc convié dans les pages qui suivent à renouer avec ces éléments architecturaux qui ont marqué diverses époques de l'histoire montréalaise. Qu'ils soient opulents ou austères, ils n'en composent pas moins une mosaïque colorée et distinctive du Montréal d'antan et d'aujourd'hui.

L'image du Casino de Montréal se réfléchit gracieusement
sur les eaux tranquilles du lac des Îles.

Dominant la tour de la Bourse (à gauche), l'édifice du 1000, rue de La Gauchetière Ouest
est le plus haut de la métropole. (page 77)

Radisson

Fresque de couleurs sur la rue Drolet,
près de la rue Roy.

Élégants détails de façade
rue Saint-André.

Pittoresque séquence de lucarnes,
rue Saint-André, au sud de
la rue Sherbrooke.

Des façades de pierre de l'époque victorienne ajoutent au charme du square Saint-Louis, aménagé en 1851.

Le côté ravissant de la tempête de verglas de janvier 1998, rue Saint-André... (page 81)

Le silence paisible d'une tempête d'hiver, rue Laval, face au square Saint-Louis. (page 82)

Escaliers et balcons de fonte ouvrée, rue Drolet, à proximité de l'avenue du Mont-Royal. (page 83)

CN

La structure insolite du complexe résidentiel Habitat 67
complète les aménagements du bassin Bickerdike et
de la gare maritime de Montréal (à droite). (pages 84-85)

L'église anglicane St. George, encerclée par ses imposants voisins,
dont l'édifice du 1250, boulevard René-Lévesque Ouest (à gauche)
et celui de La Laurentienne (à l'arrière).

Commencé en 1928 et inauguré le 3 juin 1943,
le complexe art déco de l'Université de Montréal
demeure l'œuvre magistrale de l'architecte Ernest Cormier.

Depuis son ouverture en 1912, l'hôtel Ritz-Carlton Montréal symbolise le luxe du Golden Square Mile, rue Sherbrooke Ouest. (page 88)

Le dôme de la cathédrale Marie-Reine-du-Monde se profile sur la façade du 1000, rue de La Gauchetière Ouest.

Trois géants d'époques différentes : l'édifice de la Sun Life (à gauche) cédera son titre à celui de la Banque Canadienne Impériale de Commerce (à droite), puis à celui du 1000, rue de La Gauchetière Ouest (en arrière-plan). (pages 90-91)

Villa à tourelle de style victorien,
boulevard Gouin Est, à l'angle de
l'avenue Papineau.

Opulente résidence du chemin Belvédère,
à Westmount.

Une tourelle de la conciergerie Le Château, rue Sherbrooke Ouest.

Maisons en rangée du boulevard Dorchester, à Westmount.

Escaliers mitoyens, rue Saint-Hubert, à la hauteur de la rue Rachel.

Détails de toitures « faux-mansard » à lucarnes, rue Tupper, non loin de la rue Saint-Marc.

Tourelles, bow-windows et lucarnes
décorent ces maisons en rangée,
rue Saint-Hubert, en contrebas de
la rue Sherbrooke.

Centre principal des activités de
la XXIe Olympiade, le Stade olympique,
vu de l'esplanade ouest.

La maison Shaugnessy et le Centre canadien d'architecture,
combinaison audacieuse réalisée par les architectes Phillys Lambert et
Peter Rose, boulevard René-Lévesque Ouest.

Les quatre tours du complexe
Desjardins, vues de l'esplanade de
la Place des Arts.

Religion et finance harmonisées en une
perspective symbolique... (page 101)

Montréal, ville verte

De toutes les villes d'Amérique du Nord, Montréal est probablement celle qui détient la palme au chapitre de la verdure. Plus d'un demi-million d'arbres embellissent les rues de la métropole, contribuant de surcroît à combattre la pollution. Et depuis plus de cent quarante ans, les administrations municipales successives ont veillé à assurer aux citoyens la présence d'espaces verts dont le nombre et l'étendue ne cessent de croître.

Vers 1850, la Ville est aux prises avec un problème de taille : les cimetières catholique et protestant du centre-ville ont atteint leur pleine capacité, tandis que la métropole s'étend précisément dans cette direction. La décision est donc prise d'acquérir des terrains sur le versant nord-ouest du mont Royal et la relocalisation est achevée en 1853. Mais la bourgeoisie envahit progressivement la pente du versant sud ; devant cette menace, un conseiller municipal clairvoyant, A. A. Stevenson, propose en 1863 de transformer le mont Royal en parc public et une commission est formée pour acquérir les terrains de divers propriétaires. Il en coûtera plus d'un million de dollars pour ce faire, mais Montréal disposera enfin de quelque deux cents hectares, dont elle confiera l'aménagement en 1874 au plus compétent des architectes-paysagers de l'époque : Frederick Law Olmsted.

La réputation d'Olmsted n'est plus à faire, lui qui a déjà à son actif le magnifique Central

Le murmure d'un paisible ruisseau de l'île Sainte-Hélène contraste avec la trépidation de la ville, en arrière-plan. (page 102)

Monument à Louis-Hippolyte La Fontaine, à l'entrée sud du parc du même nom.

Park de New York, terminé en 1857. En tenant compte des espèces végétales présentes et de la topographie des lieux, il préconise un réseau de sentiers et de voies carrossables, la construction d'un funiculaire donnant accès au sommet de la montagne, celle d'un restaurant-observatoire et l'aménagement d'une pièce d'eau – le futur lac aux Castors. Le parc devient accessible aux citoyens le 24 mai 1876, avant même l'achèvement des travaux.

Le parc du Mont-Royal se transforme ensuite au gré des ans. Le restaurant-observatoire est construit en 1906 et le funiculaire devenu non sécuritaire est démantelé en 1919. En 1924, la Société Saint-Jean-Baptiste érige une croix lumineuse qui deviendra rapidement le symbole permanent de la ville. Sous la pression des résidants, la Compagnie des Tramways de Montréal aménage en 1930 un parcours de tramways spectaculaire rétablissant l'accès au sommet. Un nouveau chalet est conçu par l'architecte Claude Beaugrand-Champagne dès l'année suivante et les Montréalais pourront dorénavant assister à des concerts sous les étoiles. Quant au lac aux Castors, il sera réalisé en 1937. L'emprise des voies de tramways sera pavée en 1960 et deviendra la voie Camillien-Houde, en hommage à l'un des maires les plus populaires de la métropole.

Sur un terrain ayant appartenu à James Logan, désormais propriété du gouvernement fédéral de qui la ville le louait, une autre oasis de verdure est aménagée à partir de 1889 : il s'agit du remarquable parc La Fontaine. Dès 1900, on profite de la présence d'une baissière naturelle pour aménager deux étangs, séparés par une cascade qu'enjambe un pont romantique. Cet arrangement sera complété en 1929 par une remarquable fontaine lumineuse. Et à partir de la même année, le parc abrite un jardin zoologique. Il s'enrichira encore d'une scène – le théâtre de Verdure – en 1958, année

Splendeur printanière des pommiers en fleurs,
au Jardin botanique de Montréal.

où le zoo s'agrandit pour devenir le jardin des Merveilles (démantelé en 1989). On trouve également, dispersés dans le parc, cinq monuments, dont ceux à Dollard des Ormeaux (1920) et au chansonnier québécois Félix Leclerc (1990).

De facture plus récente mais tout aussi digne d'attention que les précédents, l'immense parc Maisonneuve, ancienne propriété de la ville du même nom, est annexé au patrimoine vert de la ville de Montréal en 1926. Il se composera bientôt de trois parties principales : le splendide Jardin botanique de Montréal, aménagé en 1936 par l'architecte Frederick A. Todd, d'après la proposition du frère Marie-Victorin (Conrad Kirouac), distingué naturaliste et écrivain ; le secteur des équipements sportifs, aménagé en 1957, incluant le centre sportif Maisonneuve et l'aréna Maurice-Richard ; et enfin, un terrain de golf inauguré en 1923, porté de 9 à 18 trous en 1928 et complété par un second parcours de 18 trous en 1966. Avec la tenue à Montréal des Jeux olympiques de 1976, le parc recevra de nouveaux équipements : le Stade olympique, le vélodrome et le village des athlètes. Ajoutons que le pôle Maisonneuve, comme on l'appelle de nos jours, est adjacent au secteur résidentiel de la Cité-Jardin, projet de l'Union économique d'habitation lancé en 1942 à l'occasion du tricentenaire de la métropole. Approche originale, chacune des avenues de ce quartier porte le nom de l'espèce d'arbre qu'on y a plantée en dizaines d'exemplaires, arbres qui sont aujourd'hui splendides dans leur maturité.

De nombreux parcs régionaux répartis sur le pourtour de l'île viennent compléter l'inventaire des espaces verts de la métropole. Notons parmi ceux-ci le parc régional de l'île de La Visitation, le boisé de Saraguay et le sanctuaire faunique du Cap-Saint-Jacques. Tous accessibles par transport public et parcourus de nombreux sentiers balisés, ces parcs invitent le promeneur à renouer avec la nature, dans un

Pause-détente près de l'un des nombreux étangs du Jardin botanique de Montréal.

contexte de sérénité propice à la détente. S'y ajoute un réseau structuré de sentiers pédestres et de parcs linéaires, notamment ceux longeant le canal de Lachine et la rivière des Prairies sur des dizaines de kilomètres.

Le promeneur désireux de fuir l'activité trépidante de la métropole n'a, somme toute, que l'embarras du choix. Montréal a su préserver tout aussi bien le charme de nombreuses avenues aux arbres séculaires où il fait bon déambuler paisiblement, que le délicat équilibre des nombreux écosystèmes ceinturant l'île. Elle mérite donc à juste titre qu'on la qualifie de ville verte.

Le Casino de Montréal,
joyau dans son écrin de verdure...

Le centre-ville,
vu des berges du canal Lachine. (page 107)

Sur le versant sud du mont Royal,
un kiosque propice aux concerts estivaux se profile
sur l'édifice cruciforme de la place Ville-Marie. (pages 108-109)

TRUST
ROYAL

PAT
MARC
CLAUDE
JULES

L'imposant monument à
Sir George-Étienne Cartier,
que domine la croix lumineuse du Mont-Royal,
symbole consacré de la métropole.

La troisième saison renouvelle l'aspect
d'un des nombreux sentiers jalonnant
le parc du Mont-Royal.

Piétons et cyclistes se partagent
le parc linéaire du canal Lachine.

Une des nombreuses aires sylvestres
du Jardin botanique de Montréal. (page 112)

L'environnement, dénominateur commun de l'arbre et
du centre écologique de la Biosphère, sur l'île Sainte-Hélène.

Un rituel dominical estival: happening
des tam-tams sur le versant est
du mont Royal.

Le belvédère de la voie
Camillien-Houde : le cimetière
protestant est partiellement visible,
à droite.

Ontario

Le campanile de l'église Saint-Jacques, intégré à l'Université du Québec à Montréal, émerge de la voûte d'arbres ornant la rue Saint-Denis. (page 116)

Une antithèse visuelle : le décor verdoyant de l'île Sainte-Hélène sur la toile de fond du centre-ville...

Symphonie d'automne au parc La Fontaine... (pages 118-119)

Arbres centenaires sur l'avenue de Lorimier,
au nord de l'avenue Laurier. (page 120)

Pluvieux matin d'automne, boulevard Saint-Joseph,
au coin de la rue Saint-Hubert.

Bosquet de bouleaux himalayens
dans le jardin des Floralies,
sur l'île Notre-Dame.

Une invitation à la promenade,
boulevard Mont-Royal à Outremont.

Montréal au lever du jour...

Le jardin des Floralies présente de nombreux attraits, tels que cette réplique d'arches typiques du Ier siècle ou ce parterre de salvias rouges.

Halte piétonnière sur
l'île Sainte-Hélène.

La gracieuse cascade qu'enjambe le ponceau
est reprise en gros plan. (photo de droite)

Le lac aux Castors se devine
derrière ce boisé au sommet
du mont Royal.

La métropole, au lever du jour...

GrapeKing

Montréal, ville multiethnique et multiculturelle

Ce n'est pas le fruit du hasard si Montréal accueille annuellement un nombre sans cesse croissant de visiteurs, venus de tous les coins de la planète. Car au cours des dernières décennies, Montréal s'est hissée au niveau des villes cosmopolites et internationales. On y parle trente-cinq langues – sans compter les dialectes – et on y pratique plus de trente religions reconnues. Cet apport mondial a également eu pour effet, entre autres, de faire de la métropole une capitale de la gastronomie ; on dénombre à Montréal plus de six mille trois cents restaurants et on peut y déguster toutes les spécialités culinaires possibles.

Mais comment a débuté ce phénomène de métissage ? Si l'on exclut, d'entrée de jeu, le fait de deux peuples fondateurs, français et anglais, doublé de l'influence loyaliste américaine à la fin du XVIIIe siècle, on note d'abord l'arrivée massive des Irlandais. Chassés de leur pays par la famine, ils s'installent à Montréal à partir de 1847. Robustes et durs à la peine, ils travaillent pour la plupart à la construction du pont Victoria, dont ils occupent massivement les secteurs résidentiels adjacents. L'intégration irlandaise au tissu montréalais sera si totale qu'elle donnera lieu à des situations uniques en leur genre. À titre d'exemple, l'église irlandaise Saint-Gabriel, tout aussi impressionnante que sa voisine immédiate, l'église française Saint-Charles ;

Un marchand propose son étalage de primeurs au marché Atwater, comme l'ont fait ses prédécesseurs depuis 1932. (page 130)

Fleuron de la «petite Italie», le restaurant Casa Napoli, boulevard Saint-Laurent.

toutes deux se partageront la même paroisse en parfaite harmonie, rue Centre, dans le quartier Pointe-Saint-Charles. Et le shamrock irlandais voisine la fleur de lys française sur le drapeau de Montréal.

Présente depuis l'arrivée d'un premier groupe de sépharades en 1768, la communauté juive s'établit fermement dans la métropole en 1881, grâce à un fort contingent d'ashkénazes originaires de Russie. Ils s'installent en bordure du boulevard Saint-Laurent et dans les rues transversales du quartier Mile-End, pour se répartir ensuite sur le versant nord du mont Royal, jusqu'au quartier Côte-des-Neiges. Ils mettent rapidement sur pied un réseau d'institutions communautaires : écoles, hôpitaux et services sociaux. De leur côté, les Montréalais apprennent rapidement la signification des mots *bagel* et *delicatessen*, qui constituent de délicieux compléments au vocabulaire gastronomique local.

Les Italiens arrivent sensiblement à la même époque : artisans originaires du nord et robustes paysans du sud de l'Italie s'installent d'abord dans la *piccola Italia,* près du port, puis à proximité des voies de chemin de fer du Canadien Pacifique, au nord de la ville, où ils trouvent des emplois de cantonniers. Dès 1910, leur nombre justifie la fondation d'une paroisse distincte, Notre-Dame-della-Difesa, dans ce secteur qui deviendra rapidement la « petite Italie ». L'année suivante, Charles-Honoré Catelli ouvre une fabrique de pâtes alimentaires, à l'angle des rues de Bellechasse et Drolet, dont on retrouvera bientôt les produits dans tous les garde-manger montréalais. En 1931, l'aménagement de la place du Marché-du-nord – le marché Jean-Talon, comme on l'appelle couramment – dans le cadre des travaux municipaux mis en œuvre pour

Cette boulangerie est bien connue des amateurs, qui peuvent s'y procurer leurs *bagels* préférés, pratiquement jour et nuit...

pallier à la crise économique, créera un autre point de convergence des communautés italienne et francophone.

L'achèvement du chemin de fer transcontinental en 1885 entraîne la dispersion des nombreux Cantonais qui y travaillaient et bon nombre d'entre eux se dirigent vers Montréal, où ils ne dénichent d'abord que des emplois de blanchisseurs. Ici comme ailleurs, ils se regroupent dans le « quartier chinois », minuscule enclave du centre-ville. Amassant leurs économies, les plus fortunés se lancent dans la restauration et l'épicerie au cours des années vingt, adaptant les saveurs orientales aux goûts nord-américains. La levée de l'interdit sur l'immigration chinoise en 1946 et surtout la nouvelle Loi sur l'immigration de 1967 ouvrent la porte à un afflux asiatique désormais diversifié : les Philippines, la Corée, le Viêt-nam, Taïwan et Hong-Kong s'ajouteront à la liste des pays d'où proviennent les nouveaux arrivants.

Même si la communauté grecque de Montréal était déjà installée à Montréal depuis 1850, c'est surtout depuis 1950 que ces solides travailleurs et hommes d'affaires avisés se retrouvent avenue du Parc, puis sur les rues Prince-Arthur et Duluth, devenues par leur intervention des mails achalandés. Les plongeurs et serveurs d'hier contrôlent aujourd'hui quelque soixante-dix pour cent de l'empire des restaurants montréalais. Mais surtout, ils ont popularisé la psarotaverna et le souvlaki, dans ce qui semble être une perpétuelle atmosphère de fête.

Des membres de la communauté noire originaires des États-Unis convergent également vers la métropole, leurs services à titre de Red Caps (porteurs à casquette rouge) étant très appréciés des compagnies

Le sushi est à l'honneur dans ce restaurant japonais
du quartier Mile-End,
rue Bernard.

ferroviaires. Montréal, qui accueille également bon nombre d'Antillais, se mettra à vibrer au rythme de la musique noire. Dès 1928, le Jamaïcain Rufus Nathaniel Rockhead initiera les Montréalais au jazz et au *rythm and blues* en les conviant au plus grand club de nuit de Montréal de l'époque, le Rockhead's Paradise, à l'angle des rues Saint-Antoine et de la Montagne. S'y succéderont les Oscar Peterson, Billie Holiday, Ella Fitzgerald et, bien sûr, Louis Armstrong, pour le plus grand plaisir des mélomanes.

Que dire de ce merveilleux amalgame de plus de quarante-cinq peuples réunis dans une même ville, sinon... Wünderbar !

Affiche municipale en hommage
à un fils chéri de l'Italie...

Un groupe d'habitués du Caffè Italia,
port d'attache des sportifs italiens,
boulevard Saint-Laurent.

PETITE ITALIE
MONTRÉAL
LA CASA DI MODA
TAVORMINA
7076

On trouve toutes les spécialités italiennes sur ce tronçon du boulevard Saint-Laurent, près de la rue Jean-Talon. (page 136)

Depuis son ouverture en 1931, le restaurant Schwartz's (à droite de la photo) est très prisé des gastronomes montréalais.

Primeurs de l'automne au marché Atwater. (page 138)

Comment résister au sourire engageant de ce commerçant du marché Jean-Talon? (page 139)

The Pick of the Patch
Ruchey
Ruchey
QUALITY CALIFORNIA FRUIT

"LE CANADA DOIT ETRE UN PAYS DE LIBERTE

Les barrières raciales et sociales ne résistent pas aux
rythmes des tam-tams, que ce soit parmi la foule... (page 140)
... ou au cœur de l'action!

Il y a toujours une terrasse invitante dans le Quartier latin, rue Saint-Denis. (page 142)

Un juif hassidim déambule, rue Saint-Viateur. (page 143)

Il n'y a que l'embarras du choix au marché Jean-Talon,
à des prix encore exprimés en mesures impériales... (pages 144-145)

FINE CUISINE ITALIENNE
Bell

VASEPRO
VASEPRO

$1.49
LB

¢99LB
$1.39 LB

« Que les joies se répètent au Chinatown »,
nous révèle l'inscription sur ce portique, boulevard Saint-Laurent.

Le buste de Dante domine la piazza
près de l'église Notre-Dame-della-
Difesa, au cœur de la « petite Italie ».

Les restaurants de l'allée piétonnière, rue de La Gauchetière, invitent le promeneur à découvrir les mystères de la gastronomie orientale.

Portraitiste au travail,
rue Saint-Vincent.

POLO
MUSEUM

Les amuseurs publics rallient toutes les ethnies, place Jacques-Cartier.

Ombres chinoises, rue de La Gauchetière...

... et couleurs éclatantes, place du Marché-du-Nord.

Une invitation à la sérénité :
le pavillon chinois du Jardin botanique,
œuvre originale d'artisans asiatiques.

Féerie nocturne du festival
automnal des lanternes chinoises,
au Jardin botanique.

Des boutiques pour satisfaire
les goûts les plus exigeants,
rue Greene, à Westmount.

L'été est toujours synonyme de
terrasses italiennes rafraîchissantes,
boulevard Saint-Laurent.

SCÈNE du Maurier
SCÈNE du Maurier
du Maurier
présente le
FESTIVAL INTERNATIONAL DE JAZZ DE MONTRÉAL

Montréal, ville des Montréalais

Dans tout Montréalais, il y a un « fêteux » qui sommeille et — s'agit-il vraiment d'une coïncidence ? — c'est à croire que Montréal est toujours, à point nommé, le théâtre d'un ou même de plusieurs événements simultanés, destinés à satisfaire sur-le-champ cet insatiable appétit de divertissement.

C'est de longue date que Montréal a été un acteur important sur la scène des arts et spectacles. Dès 1825, le brasseur John Molson fait ériger le Théâtre Royal, sur l'emplacement actuel du marché Bonsecours ; de passage dans la métropole en 1842, l'écrivain Charles Dickens y tiendra même un premier rôle de composition ! Suivront le théâtre shakespearien de Moses Judah Hayes en 1847, puis le célèbre Monument National, boulevard Saint-Laurent, en 1893, où Elzéar Roy fondera la première troupe de théâtre — « Les Soirées de Famille » — moins de cinq ans plus tard. Une autre date à retenir est sans doute le 21 septembre 1963, alors qu'est inaugurée la salle Wilfrid-Pelletier de la Place des Arts. Avec ses deux mille neuf cent quatre-vingt places, elle demeure le haut lieu des spectacles artistiques de la métropole.

Foires et expositions ont également la cote d'amour des Montréalais. Le 23 août 1860, le futur roi Édouard VII inaugure, à l'angle des

Une foule attentive assiste à un concert gratuit, à l'occasion du Festival international de Jazz de Montréal. (page 156)

L'apothéose d'un spectacle pyrotechnique présenté à La Ronde illumine la silhouette du pont Jacques-Cartier.

rues Peel et Sainte-Catherine, le splendide Crystal Palace, réplique réduite du célèbre site d'exposition londonien, avant d'enfoncer officiellement le dernier rivet du pont Victoria. L'imposant édifice aux élégantes verrières sera relocalisé quelques années plus tard au pied du mont Royal ; le 30 juillet 1896, un malencontreux incendie le ravagera.

Montréal aura par ailleurs droit à son premier carnaval d'hiver en 1883, alors qu'un monumental château de glace – éclairé à l'électricité, s'il vous plaît ! – sera érigé sur le site de l'actuelle place du Canada. Le succès sera tel que cette activité s'étendra à la place Jacques-Cartier, en 1887. Les usagers des glissoires aménagées à son extrémité nord termineront leur descente sur le fleuve glacé, à près de quatre cents mètres de leur point de départ.

Les mélomanes seront comblés à leur tour en 1892, alors qu'un imposant auditorium de cinq mille huit cents sièges est érigé au parc Sohmer, en bordure du bassin de l'Horloge. Quelques kilomètres plus à l'est, les manèges du parc Dominion attireront les foules à partir de 1905, pour être supplantés par ceux du célèbre parc Belmont en 1923. Les cinéphiles, quant à eux, auront droit au premier cinéma en Amérique du Nord, le Ouimetoscope, qui ouvrira ses portes le 1er janvier 1906, à l'angle des rues Sainte-Catherine et Montcalm.

Les sportifs montréalais sont également comblés et les dieux du stade ne se comptent plus, depuis la formation en 1909 des Canadiens de Montréal, certainement la plus fameuse des équipes de hockey. Les George Vézina, Howie Morenz et Maurice Richard hantent encore l'enceinte du vénérable Forum de la rue Sainte-Catherine, alors que les

Premier volet du Tour de l'île annuel,
alors que les enfants à vélo investissent les rues de la métropole.

joueurs évoluent désormais au Centre Molson. Le baseball occupe également une place de choix dans le cœur des citadins depuis le 5 mai 1928, date d'inauguration du célèbre stade Delorimier. C'est dans ce stade pouvant accueillir vingt-deux mille cinq cents spectateurs que jouaient les Royals, filiale montréalaise des Dodgers de Brooklyn ; et c'est là que l'on a applaudi à tout rompre les prouesses de Jackie Robinson, premier joueur de couleur accepté dans le baseball majeur. Le souvenir de cette époque se prolongera quarante ans plus tard au populaire parc Jarry, alors que les Expos de Montréal font leur entrée dans la Ligue nationale.

Montréal est également riche de nombreux musées : la métropole en compte aujourd'hui vingt-huit, dont le plus connu est probablement celui des Beaux-Arts, érigé sur la rue Sherbrooke en 1912. Hôte de nombreuses expositions prestigieuses, il ne le cède en rien aux collections remarquables des musées McCord et Pointe-à-Callière, dépositaires en titre du patrimoine montréalais.

Mais c'est sans doute par les événements spéciaux qui s'y tiennent et par les foules que ces événements attirent que Montréal se démarque de toute autre ville. Qu'il s'agisse du Festival international de jazz (1980) ou des feux d'artifice de La Ronde (1985), en passant par le Festival Juste pour rire (1983) et les FrancoFolies (1989), chacun de ces événements attire annuellement plus d'un million de spectateurs. Et que dire du Tour de l'île, le plus imposant événement du genre au monde, qui rallie chaque année quelque quarante-cinq mille cyclistes, pour une balade de soixante-cinq kilomètres dans les rues de la métropole. De fait, et aussi surprenant que la chose puisse paraître, les diverses attractions que propose la métropole totalisent plus de journées d'activités que n'en compte le calendrier !

Il fait bon respirer l'air pur sur le mont Royal,
par un beau jour d'hiver...

Si l'on ajoute à cet éventail les défilés et spectacles marquant différents événements et anniversaires, de la fête de la Saint-Patrick à celle de la Saint-Jean-Baptiste, les Montréalais n'ont — littéralement — que l'embarras du choix. Et si, par extraordinaire, rien n'a l'heur de leur plaire, ils ne sont pas pour autant à court de ressources, car tout prétexte est bon pour improviser une fête de quartier ou un spectacle dans un parc public. Une journée ensoleillée suffit à déclencher le désir de se réunir sur l'une des multiples terrasses jalonnant les artères de la métropole. C'est dire qu'à moins de chercher délibérément la solitude ou la tranquillité, il est décidément impossible de s'ennuyer à Montréal !

Une foule typique emboîte le pas
au défilé traditionnel de la Saint-Jean.

Des spectacles improvisés regroupent les promeneurs autour de l'agora de la Place des Arts, à l'occasion des FrancoFolies de Montréal.

La rue Sainte-Catherine appartient à la foule,
les soirs de festival.

Terrasse de la rue Saint-Denis,
près de l'avenue du Mont-Royal.

Les amuseurs publics ont toujours la
cote d'amour, quelle que soit l'heure,
place Jacques-Cartier.

ESPACE
A
LOUER
861-1001
BEN & JERRY'S

Les néons de l'insolite,
rue Sainte-Catherine Ouest.

La tour du Stade olympique,
en arrière-plan, veille sur les activités nocturnes
de l'avenue du Mont-Royal.

Retrouvailles, rue Saint-Denis... (page 166)

... où abondent bistros et terrasses typiques
du Quartier latin. (page 167)

Rothmans

NAPOLI PIZZERIA PRESENTE:
RESTO
BIFTECK
ST-DENIS
TERRASSE
BIERES
IMPORT
LE BIFT
1677 S

PUREMENT
ÉTONNANTE!
L'HISTOIRE

Le musée de la Pointe-à-Callière
domine de sa masse imposante les
édifices du Vieux-Montréal. (page 168)

Bienvenue au Casino de Montréal!

Les colonnes du musée des Beaux-Arts
encadrent sa nouvelle annexe, qui lui fait face,
rue Sherbrooke Ouest. (page 170)

La Place des Arts,
haut lieu de la culture montréalaise.

Après la tempête de verglas sur
la 1re Avenue, dans le quartier Rosemont.

La vie reprend entre les congères,
rue Duluth.

Les patineurs se retrouvent au parc La Fontaine,
face à la bibliothèque municipale.

Les calèches font partie de l'ambiance familiale,
à proximité du chalet du Mont-Royal.

La fête des Neiges est l'occasion rêvée
d'ériger d'éphémères châteaux de glace...

... sans oublier les glissades, bien sûr ! (page 177)

Les escaliers de la rue Saint-Hubert attirent
les regards des passants, qu'ils soient à vélo...

... ou à pied.

Même les ruelles ont leurs charmes, telle celle-ci,
dans le quartier Rosemont. (page 180)

Les terrasses de la place Jacques-Cartier
exercent un attrait irrésistible sur les promeneurs.

CRAVEN
CRAVEN
CRAVEN

La foule envahit le Vieux-Port
à l'occasion du festival Juste pour rire. (page 182)

Fin d'une journée bien remplie pour cochers
et chevaux, rue de la Commune.

Le statique et le mouvement se côtoient
à la station de métro Berri-Uqam.

Des artistes de renom attirent les foules à
l'occasion du Festival international de
Jazz de Montréal.

Le boulevard Saint-Laurent, toujours à la
fine pointe de l'effervescence culturelle.

Un spectacle improvisé,
place Jacques-Cartier.

Les boutiques et bistros de
la rue Crescent posent les balises
des tendances montréalaises.

Invitation à la détente,
place Jacques-Cartier.

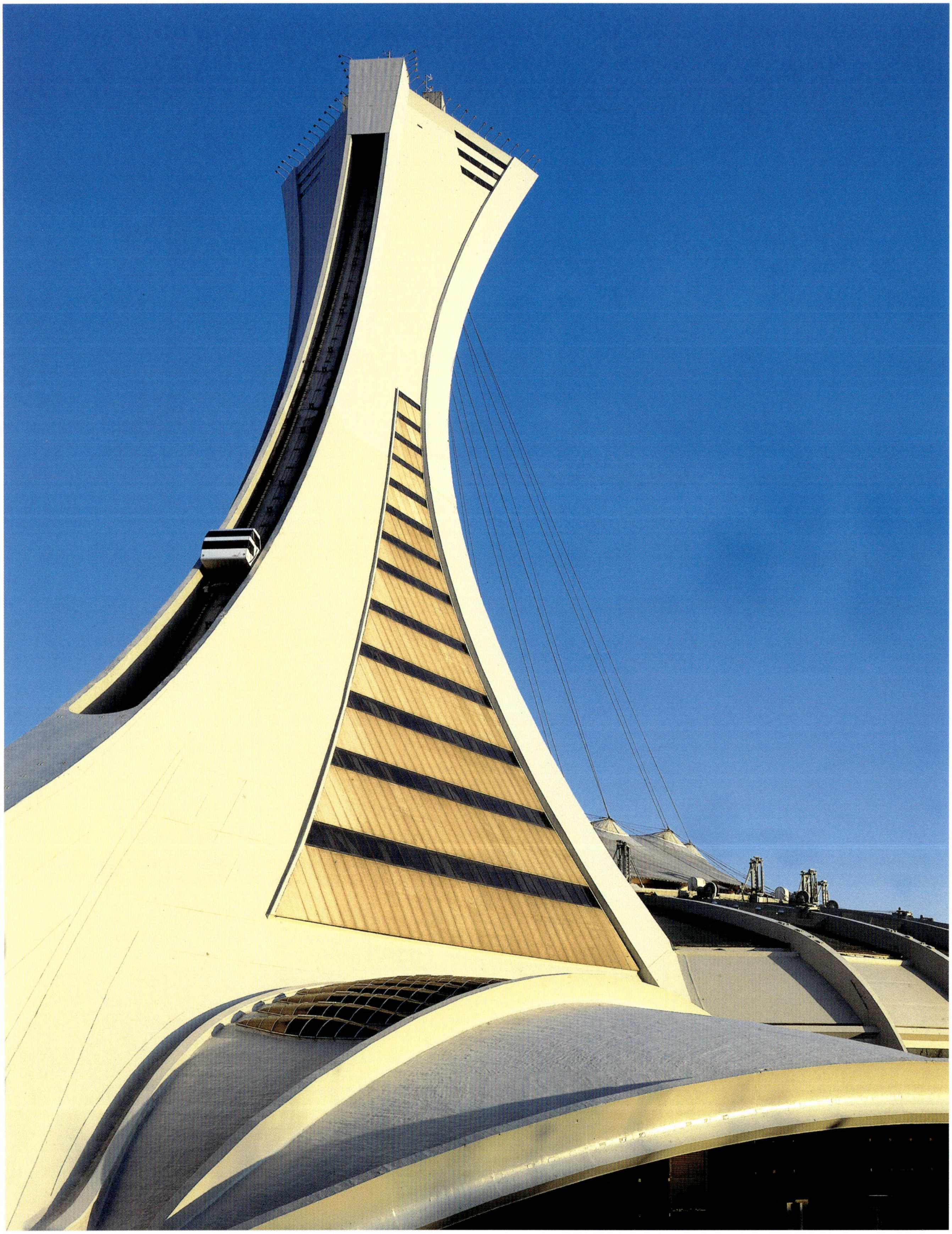

Le mât incliné du Stade olympique
est la plus haute structure de ce type au monde. (page 190)

Le Centre Molson,
temple des aficionados du hockey à Montréal.

Richardson Greenshields
VIA

Montréal, métropole du Québec

Comment résumer les innombrables attraits de Montréal ? Cité en perpétuel mouvement, éternellement attrayante, parfois mystérieuse, tantôt paisible et tantôt provocante… Serait-il juste d'affirmer – à la suite du chansonnier québécois Jean-Pierre Ferland – que « Montréal est une femme » ?

Loin de nourrir des ambitions de mégapole, Montréal a su avant tout conserver ce visage de ville à dimension humaine qui lui confère tout son charme. C'est sans doute pour cette raison que la métropole figure comme une halte obligée sur les itinéraires des événements internationaux. Qu'il s'agisse de congrès réputés ou de la Formule 1, Montréal demeure la ville qui rallie de plus en plus les suffrages.

Cette réputation bien méritée n'est nullement le fruit du hasard, car Montréal peut se targuer de satisfaire tous les goûts, des plus simples aux plus fantaisistes. Et, ne serait-ce qu'en raison de cet inexplicable magnétisme qu'elle exerce sur d'anciens résidants ou des touristes émerveillés, Montréal est une ville où l'on revient – que ce soit pour un nouveau séjour… ou pour toujours.

Car au gré des heures, des jours et des saisons, Montréal est à la fois perpétuellement la même et perpétuellement différente. De l'aube au crépuscule, des chaudes journées d'été aux lendemains de

Version montréalaise des Champs-Élysées parisiens,
la rue McGill College s'inscrit dans la perspective de la place Ville-Marie. (page 192)

Le Saint-Laurent trace une ligne de démarcation
entre le centre-ville et les banlieues de la Rive-Sud.

tempête hivernale, la métropole renouvelle inlassablement ses charmes.

C'est sans doute en raison de cette remarquable diversité que Montréal s'est taillé une place enviable en tant que cité hospitalière par excellence, quelle que soit la période de l'année. Le touriste y découvrira tout aussi bien un luxueux pied-à-terre pour la pratique des sports d'hiver qu'un fraternel coude-à-coude à l'occasion du Grand Prix de Montréal, ou encore aux abords du plateau de tournage d'un des nombreux films réalisés dans la métropole. Et il constatera que les barrières linguistiques tombent rapidement, les résidants chaleureux n'hésitant pas à utiliser au besoin une gestuelle internationale caractéristique de l'accueil à la façon montréalaise.

Et lorsque les conversations se sont tues, Montréal s'exprime par elle-même, étalant ses splendeurs à la vue de tous. Des reflets étincelants des verrières du centre-ville, le jour, aux milliers de lucioles trouant le calme apparent de la nuit, Montréal ne dort jamais. Elle se prête toujours de bonne grâce à l'émerveillement des yeux, sa symphonie de formes et de couleurs, ses jeux d'ombre et de lumière engendrant non pas une, mais des centaines d'impressions, à la fois imprévisibles et inoubliables.

Pour toutes ces raisons – et bien d'autres encore, selon les parcours et les humeurs de chacun –, Montréal mérite assurément son titre enviable de métropole du

L'édifice du 1000,
rue de La Gauchetière Ouest,
sommet du centre-ville.

Québec. Qu'on y soit de passage ou qu'on y réside de longue date, il y a toujours une rue, un îlot de verdure, une boutique ou un spectacle qui ne demande qu'à s'ajouter à la riche collection des images de cette ville qui, d'un jour à l'autre, n'est et ne sera jamais la même...

Jetons donc un dernier coup d'œil sur Montréal, croquons divers éléments de ce fabuleux décor, ne serait-ce que pour s'en imprégner sous des angles et des éclairages inusités, imprévus. Et – qui sait ? – peut-être cet échantillonnage constituera-t-il le point de départ d'une merveilleuse aventure, incitant chacun à donner libre cours à sa curiosité pour découvrir d'autres visages de cette métropole dont les richesses visuelles sont pour ainsi dire inépuisables.

Montréal, la métropole du Québec, vous invite. Laissez-vous séduire !

Un favori de la foule: le pilote Jacques Villeneuve,
sur le parcours honorant la mémoire de son père...

La tour de la Bourse et l'édifice de la Banque Royale
surplombent le Vieux-Montréal. (page 196)

Le secteur nord de la métropole se devine
derrière l'ombre du mont Royal, vu du centre-ville.

Moment d'intensité pour le pilote de
Formule 1 Michael Schumacher...

La foule présente au circuit Gilles-Villeneuve, à l'occasion des essais de qualification du Grand Prix du Canada.

Crépuscule sur le centre-ville...

Montréal brille de tous ses feux,
la nuit tombée.

La Maison des coopérants,
le complexe Eaton's et la
place Montreal Trust se succèdent
sur ce tronçon du boulevard
de Maisonneuve.

Premier grand hôtel de la métropole
en 1878, l'hôtel Windsor,
à l'avant-plan, complète le périmètre
du square Dorchester.

Érigé sur l'île Sainte-Hélène, le stabile d'Alexandre Calder
rappelle l'Exposition universelle de 1967. (page 204)

À l'entrée de la Banque Nationale de Paris, la sculpture
La Foule illuminée est éclairée de l'intérieur, la nuit.

Pendant le Festival international de Jazz,
une foule assiste à un concert en plein air,
rue Sainte-Catherine. (pages 206-207)

JAZZ BAR
du Maurier
FESTIVAL
JAZZ

UQÀM
billets · tickets

Les mille lumières du centre-ville, la nuit...

Deux géants se défient dans l'arène du centre-ville : l'édifice du 1250, boulevard René-Lévesque Ouest et la tour de la CIBC. (page 209)

Un coucher de soleil automnal
redesssine les couleurs chatoyantes
de la métropole.

L'édifice de la Sun Life vu du sud-ouest,
et celui de la place Ville-Marie
en arrière-plan.

Au terme d'une magnifique journée,
le parc du Mont-Royal se prête
favorablement aux escapades familiales.

Flanqué du Biodôme à sa gauche,
le Stade olympique domine les quartiers
résidentiels à l'est du centre-ville.

THE QUEEN ELIZABETH
CN

L'est de la métropole, vu du centre-ville.

Tours à bureaux, boulevard René-Lévesque.

Verrières de la Maison des coopérants,
boulevard de Maisonneuve.

Le Centre Sheraton

L'édifice du 1250, boulevard René-Lévesque Ouest et
celui de la CIBC dominent le secteur ouest du centre-ville. (page 216)

La tranchée de l'autoroute Ville-Marie
plonge sous le Palais des congrès de Montréal, à l'arrière-plan.

CN

Réalisée par l'architecte Victor Bourgeau en 1894,
la basilique Marie-Reine-du-Monde est une réplique à échelle
réduite de Saint-Pierre-de-Rome. (page 218)

L'hôtel Queen Elizabeth et l'édifice du Canadien National
érigés au-dessus de la Gare centrale,
terminus ferroviaire de la métropole.

Table des matières

Par une belle journée d'été, la vue depuis l'oratoire Saint-Joseph s'étend vers le sud jusqu'aux sommets de la Montérégie. (page 220)

Le boulevard René-Lévesque creuse un sillon entre les édifices du centre-ville, dans cette vue en direction est, depuis la rue Guy. (pages 222-223)

Réflexions du crépuscule... (page 224)

Le Centre Sheraton
YWCA

CPMC

Lithographié sur papier Jenson 200 M
et achevé d'imprimer au Canada
sur les presses de l'imprimerie Interglobe.